1368

HYMNE
DE
S^{TE} GENEVIEFVE
PATRONNE
DE LA
VILLE DE PARIS.

Par A. G. E. D. G.

A PARIS,
Chez PIERRE LE PETIT, Impr. & Libr. ord. du Roy,
ruë Saint Iacques, à la Croix d'Or.

M. DC. LII.
AVEC PRIVILEGE DV ROY.

HYMNE
DE
Ste GENEVIEFVE
PATRONNE DE LA VILLE
DE PARIS.

Aris écoute-moy, c'est ta grande Patronne,
La chaste Geneuiefue, objet de ton amour,
Pour qui plein de respect, en ce celebre jour,
Au pied de ses autels, vn long Hymne j'entonne :
   Ce dessein est trop grand pour moy,
   Mais je receuray de ma foy,
Le feu que la Nature à mon ame refuse ;
Ou plûtost cette Vierge à qui j'offre mes Vers,
   Elle-mesme sera la Muse
Qui me fera chanter ses miracles diuers.

A

Nulle humaine grandeur n'éclate en sa naissance,
Mais sa vertu luy donne un lustre glorieux,
Dont ceux de qui la Fable a fait des demy Dieux,
Ne peuuent égaler, la gloire & la puissance.
  Clouis comme son Souuerain,
  Au pied de son throsne hautain,

*Le cer-
cueil de
Clouis est
aux pieds
de la chaſ-
ſe de Sain-
te Gene-
uieſue.*
La vid comme ſujette humblement abaiſſée :
Et Clouis maintenant au pied du haut cercueil,
  Où l'or tient ſa cendre enchaſſée,
S'eſtime bien-heureux d'abaiſſer ſon orgueil.

Auant que de ſon corps la reuolte elle ſente
Sous un ſeuere joug, ſon corps elle reduit,
Et ſon diuin Epoux qui ſans Maiſtre l'inſtruit,
En reçoit par ſon vœu la victime innocente.
  Son cœur eſt le viuant autel
  De ce ſacrifice immortel,
Et le feu de l'Amour conſume ſa victime,
Mais en la conſumant par un heureux effort,
  Il l'embellit, il la r'anime,
Et l'oſte pour jamais au pouuoir de la mort.

Rien

Rien ne plaist à ses yeux que son Epoux celeste,
Tout est sombre pour elle auprès de sa splendeur,
Ce que le Monde admire en l'humaine grandeur,
Est ce qu'elle méprise, & ce qu'elle deteste.
  Pour joüir des charmans plaisirs
  Qui seuls contentent ses desirs,
Elle cherche des bois l'aymable solitude,
Où paissant son Troupeau sans crainte & sans danger,
  Elle fait vne haute estude
Des apas eternels de son diuin Berger.

Sa chaste passion le trouue en toutes choses,
Les clartez du Soleil, & des Flambeaux des Cieux,
Luy parlent des clartez qui brillent dans ses yeux,
Elle croit voir son teint dans les lys & les roses.
  Les Colombes par leur blancheur,
  Luy representent sa candeur,
Et la font souuenir qu'il est plus pur encore:
Les Brebis qu'elle tond, & qui ne beslent pas,
  Luy peignent l'Agneau qu'elle adore,
Qui sans ouurir la bouche, est conduit au trespas.

Comme apres sa prison dans vn sombre nuage,
Le clair Flambeau des jours en sort brillant de feux,
Et semble dans vn char, plus riche, & plus pompeux,
Jusques à son couchant, poursuiure son voyage :
    Ainsi de ses bois écartez,
    Sortit brillante de clartez,
La Vierge dont le Ciel gouuerne la carriere,
Et vint luire à Paris comme vn Soleil ardent,
    Dont la merueilleuse lumiere
Augmenta son éclat jusqu'à son Occident.

Sans parler, elle instruit quiconque la contemple,
Son air humble, aux plus vains, oste la vanité,
Son pudique regard apprend la pureté,
De toutes les Vertus, c'est vn parfait exemple :
    Si la charité quelquefois,
    L'oblige à faire oüir sa voix,
Vne flâme diuine anime ses paroles,
Ce sont de vifs éclairs, & des foudres vainqueurs,
    Qui brisent toutes les Idoles,
Que l'orgueilleux Demon éleue dans les cœurs.

Il luy fait à son tour vne guerre bien dure,
Des maux les plus cruels il afflige son corps,
Mais par la cruauté de leurs rudes efforts;
Il ne peut de sa bouche arracher vn murmure.
  Plus le corps paroist abatu,
  Plus l'esprit montre de vertu,
Lors que l'vn s'affoiblit, l'autre se fortifie;
Elle fait de son lit vn douloureux autel,
  Et l'Amour qui l'y sacrifie,
Auant sa mort, éteint ce qu'elle a de mortel.

Le Demon estonné de voir croistre sa gloire,
A mesure qu'on voit ses peines s'augmenter,
Ne veut plus par les maux son courage tenter,
Ny par eux luy fournir des sujets de victoire :
  Il prend dans ses gouffres affreux,
  Le poison le plus dangereux,
Qui jamais ayt brûlé les langues médisantes;
Et l'illustre Bergere éprouua la fureur,
  Des coups de cent fléches ardentes,
Dont l'aueugle imposture attaqua son honneur.

Mais le long sifflement de ces lâches Couleuures,
Pour elles seulement se trouua venimeux,
Le nom de Geneuiefue en deuint plus fameux,
Et le mauuais discours fit place aux bonnes œuures.

Il estoit
esque
Auxerre

✶ Germain, par son authorité,
Par son rang, par sa pieté,
Fut l'heureux Defenseur de la Vierge accusée ;
Son Oracle à Paris ne pût estre suspect,
Et la médisance appaisée,
Se change a tout d'un coup en vn profond respect.

Ainsi l'or qui déja d'vn beau lustre étincelle,
Quand il s'est affiné dans le brûlant fourneau,
En sort brillant d'vn lustre, & plus pur, & plus beau,
Qu'alors que l'on l'a mis dans l'ardente coupelle.
Ainsi quand vn arbre chenu,
Sans s'ébranler, a soustenu,
Le redoutable assaut d'vne longue tempeste :
Auecque plus de gloire, & plus de Majesté,
Dans le Ciel, il porte sa teste,
Et mieux de son vieux tronc on voit la fermeté.

Gene-

Geneuiefue soûtient l'ennemy qui l'accable,
Plus son cœur est cruel, plus le sien est humain,
Les biens qu'elle a receus sont grauez sur l'airain,
Et les maux qu'on luy fait sont écris sur le sable.
 Les discours de ses médisans,
  Luy sont plus doux, & plus plaisans
Que le plus grand Eloge, & le plus legitime,
Et de ses enuieux les affrons solemnels,
  Luy faisant detester le crime,
Ne peuuent l'empescher d'aymer les criminels.

 Tel qu'on voit en Hiuer du sommet des montagnes,
Tomber à flots bouffis, un superbe torrent,
Qui d'un rapide cours entraine en murmurant,
Des rochers tous entiers, dans le sein des campagnes :
  Le Berger & le Laboureur,
   Laissent en proye à sa fureur
Les Brebis & les Bœufs, dont la perte les touche ;
A ses bruyans assauts rien ne peut resister,
  Et le passage qu'on luy bouche,
Redouble son effort au lieu de l'arrester.

Tel, ou plus fier encor, du climat des Gepides,
Dans les Gaules fondit ce Monarque inhumain,
Qui de Fleau du grand Dieu prenoit le titre vain,
Pour punir des mortels les offenses perfides.
   Le Boristhene impetueux,
   Le Danube aux flots tortueux,
Le Rhin qui se grossit de tant d'autres riuieres,
Pour arrester son camp que le Demon conduit,
   Furent de trop foibles barieres,
La Terreur va deuant, & la Victoire suit.

Des barbares Soldats tout éprouue la rage,
Et par vne fatale & triste nouueauté,
L'auarice en leur cœur, cede à la cruauté,
Ils sont plus alterez de sang, que de pillage.
   L'horrible Tyran de l'Enfer,
   Ny par le feu, ny par le fer,
N'a jamais fait pleurer des excez si tragiques :
Des Temples les plus saints, des Palais les plus beaux,
   Des villes les plus magnifiques,
Auec plus de plaisir, ils font de grands tombeaux.

L'Enfant dans le berceau trouue la sepulture,
Et ses cris innocens ne les sçauroient fléchir;
Le Vieillard ne s'en peut par son âge affranchir,
Et leur fureur se plaist à forcer la Nature.
    Le Mary voit deuant ses yeux,
    Par vn effort injurieux,
Oster à son Espouse & l'honneur, & la vie;
Et la Vierge benit la rigueur de son sort,
    Quand la mesme injure est suiuie,
D'vn fauorable coup qui luy donne la mort.

Cette Fille de l'air au cent menteuses bouches,
Qui fait d'vn vol si prompt le tour de l'Vniuers,
Du cruel Attila, par mille bruits diuers,
Augmente la puissance, & les actes farouches.
    Paris saisi d'estonnement,
    Croit par la fuite seulement,
En pouuoir éuiter l'effroyable insolence:
Geneuiefue s'oppose à des desseins si bas,
    Et rompant son chaste silence,
Promet que le Tyran n'en approchera pas.

Les Demons ennemis de la Fille diuine,
Deſſous vn corps humain courant par la Cité,
Font croire aux habitans, dans leur perplexité,
Que ſa deuotion conſpire leur ruine.
    D'abord c'eſt vn murmure ſourd,
    Apres, de bouche en bouche il court,
Puis il gagne en croiſſant, vne foy generale;
Et la Vierge ſe voit ſur le point de ſentir,
    Vne mort injuſte, & brutale,
Par ceux que ſa priere en deuoit garantir.

Elle recourt au jeûſne, aux cilices, aux larmes,
Pour fléchir du grand Dieu le terrible courroux,
Et pour ſauuer Paris des redoutables coups,
De ce Monſtre inhumain qui cauſe ſes allarmes.
    Le Seigneur oyt des vœux ſi purs,
    Attila s'éloigne des murs
Qu'vn ſeul de ſes regards euſt renuerſez par terre,
Et lors qu'il eſperoit le plus beau des Lauriers,
    Qu'on cueillit jamais dans la guerre,
Au champ Catalaunique il perdit les premiers.
                                    Paris,

Paris, lors que tu creus ta chaisne dénoüée,
Et tes foibles remparts asseurez pour jamais,
Par l'aymable retour d'vne constante paix,
Tu te veis assiegé du camp de Meroüée :
  Ce Conquerant victorieux,
  Qui sort des climats ennuyeux,
D'où le froid Aquilon a banny le Zephyre,
Vient fonder en la Gaule vn Empire éclatant ;
  Et de ce redoutable Empire,
Tu dois estre le Centre, & le Siege constant.

 Il ne veut pas forcer tes debiles murailles,
C'est moins ton Ennemy que ton Liberateur,
Il sçait qu'il ne pourroit estre ton destructeur,
Qu'il ne perdist en toy le fruit de ses batailles.
  Toutefois ton Peuple mutin,
  Ignorant son heureux destin,
Sous ce Prince nouueau refuse d'estre libre ;
Il s'oppose à sa gloire, & croit que son salut,
  Est que toûjours la Seyne, au Tybre,
Rende auecque respect vn fidele tribut.

Contre sa liberté son courage s'obstine,
Et l'Amour d'vn vieux joug luy fait sans murmurer,
D'vn siege si fâcheux tous les maux endurer,
Et ne conter pour rien l'horreur de la famine.
    Bien-tost les plus robustes corps,
    Ainsi que des Spectres de morts,
Pâles, & décharnez, se trainent par la ruë;
A peine le plus riche a dequoy se nourrir,
    Il faut viure de ce qui tuë,
Et de peur de la mort, s'exposer à mourir.

De ces calamitez la Bergere est touchée,
Et formant vn dessein aussi grand que nouueau,
A la pointe du jour elle monte sur l'eau,
Et va chercher des bleds, à la Ville bouchée :
    Le Demon contr'elle animé,
    A ce voyage renommé
Oppose auec fureur, mille étranges obstacles,
Mais malgré le Demon, malgré les ennemis,
    Cette Ouuriere de miracles,
Tint plus aux Citoyens qu'elle n'auoit promis.

Il faut pourtāt se rendre au pouuoir d'vn Monarque,
Pour qui visiblement le Ciel a combatu;
Il veut voir la Bergere, il ayme sa vertu,
Et sa faueur en donne vne publique marque.
  De cette éclatante faueur
  Qu'elle trouue auprés du vainqueur,
Tout le fruit en reuient à sa chere Patrie;
Et son ambition, dans les soins qu'elle prend,
  Est d'oster à l'Idolâtrie
Vn Zelé defenseur en ce grand Conquerant.

Mais le Ciel differa cette noble victoire,
Le fameux Meroüée entra dans le tombeau,
Sans auoir de la Foy veu luire le flambeau,
Et son Fils fut couuert d'vne nuit aussi noire.
  La Sainte trauaille toûjours,
  Clouis resiste à ses discours,
Et ses yeux pour Clouis verserent tant de larmes,
De tant d'austeritez elle affligea son corps,
  Qu'enfin il luy rendit les armes,
Et receut de IESVS les celestes thresors.

Que ne dois-tu donc pas à la Sainte Bergere,
Qui sous les Loix de Christ range a ton premier Roy,
O France, dont jamais le Soleil de la Foy,
Depuis cet heureux jour, n'a quitté l'hemisphere :
    Combien de fois ses Descendans
    En de perilleux accidens,
En ont-ils éprouué la faueur maternelle;
LOVYS, de qui long-temps tu porteras le deüil,
    Par son assistance fidele,
Reuint plus d'vne fois des portes du cercueil.

Et toy, riche Paris, Monde plûtost que Ville,
Qui gemis aujourd'huy sous ta propre grandeur,
Dois-tu pas ton pouuoir, ta pompe, ta splendeur,
A celle qu'à tes vœux tu trouues si facile ?
    Tu n'as que de foibles remparts,
    Qui sont ouuers de toutes parts,
Et que de foibles coups feroient tomber par terre;
Mais ta grande Patronne, en son puissant secours,
    Contre les fureurs de la guerre,
Te sert de bastions, de fossez, & de tours.

                                         Quand

Quand la Seyne sortant de sa couche profonde,
Au delà de ses bords porte ses flots troublez,
Qu'elle ébranle tes ponts, par leurs coups redoublez,
Et qu'un tonnerre sourd semble gronder sous l'onde :
    Quand l'impitoyable Element,
    S'enfle de moment en moment,
Et court par tes quartiers, à vagues épanduës ;
Comme court un torrent, qui se grossit soudain,
    De l'amas des neiges fonduës,
Et qui n'a plus ny lit, ny riuage certain.

    En ce funeste estat, chacun sent des allarmes,
Chacun qui de la mort se voit enuironné,
Le courage abatu, le visage estonné,
A recours aux regrets, aux prieres, aux larmes :
    Mais ny vœux publics, ny secrets,
    Ny les larmes, ny les regrets,
Ne peuuent adoucir l'orgueilleuse Riuiere,
Les os seuls de la Sainte arrestent ses efforts,
    Et sa cendre en l'or prisonniere,
Remprisonne le fleuue en ses antiques bords.

                                           E

Que l'ardente chaleur dans la plaine embraZée,
Ayt fait de la moisson mourir le doux espoir,
Que le Ciel soit d'airain, & ne laisse plus choir,
Dessus l'émail des fleurs, des goutes de rosée :
   Ou qu'vne longue humidité
   Oste aux champs leur fertilité,
Et qu'en broüillards épais vne Automne se passe :
Geneuiefue rend l'air, ou sec, ou pluuieux,
   Et Paris trouue dans sa Chasse,
Vne clef pour ouurir, & pour fermer les Cieux.

Celle qui s'opposant à l'Aigle ambitieuse,
Arresta de son vol le dessein effronté,
Et qui tira des fers, par son bras indonté,
Le Danube, le Rhin, le Moselle, & la Meuse.
   Celle dont la main tous les jours
   Esbranloit les superbes Tours
Qui rendoient la Castille, & si forte, & si fiere,
Celle qui par l'éclat de son constant support
   Se voyoit l'Arbitre guerriere,
Du Leuant, du Midy, du Couchant, & du Nord

Celle qui sur la Mer autant que sur la Terre,
Par ses nouueaux Typhis, par ses vaillans Guerriers,
Moissonnoit autrefois des forests de lauriers,
Et tenoit en ses mains le destin de la guerre ;
    Aujourd'huy changeant de destins,
    Voit par ses discords intestins,
Ses Lys presque effacez, ses Palmes étouffées,
La splendeur de sa gloire esteinte en vn moment,
    Et ses plus solides trophées
Auec honte sapez jusques au fondement.

O Vierge merueilleuse, abaisse sur la France,
Tes yeux dont les regards, sont si forts & si doux,
Et voyant ses malheurs, demande à ton Epoux
La bien-heureuse fin de sa longue souffrance ;
    Contente nos justes souhaits,
    Descends du Ciel auec la Paix,
Pour esteindre le feu d'vne guerre mortelle ;
Et jettant la Discorde aux goufres de l'Enfer,
    Attache de cette Infidelle,
Et les pieds, & les mains, de cent chaisnes de fer.

Au Prince que le Ciel par merueille nous donne,
Accorde en ses besoins, vn secours merueilleux,
Qui malgré les assauts de l'Ibere orgueilleux,
Sur sa teste sacrée, asseure la Couronne.
　　Releue son Throne abatu,
　　Fais que son auguste Vertu
Desormais le soûtienne, autant que sa naissance :
Et que des Vertueux se declarant l'Appuy,
　　Il regne moins par sa puissance,
Que par le tendre amour que l'on aura pour luy.

✳

Rallume dans les cœurs, l'amour de la Patrie,
Dessus le front du Roy, fais voir le doit de Dieu,
A ceux qui sans pouuoir obseruer de milieu,
Sont ou dans la reuolte, ou dans l'idolâtrie ;
　　Apprends aux Peuples furieux,
　　A cherir le jour pretieux,
Où leur propre salut, en naissant les engage ;
Rends le premier éclat à nos Lys effacez,
　　Et loin de nous porte l'orage,
Dont par l'ire du Ciel, nous sommes menacez.

F I N.

www.ingramcontent.com/pod-product-compliance
Lightning Source LLC
Chambersburg PA
CBHW061524040426
42450CB00008B/1780